Aus der Wichtelküche

Kochen und Backen für Kinder

G. Poggenpohl

Aus der Wichtelküche

Kochen und Backen für Kinder

EDITION XXL

Vorwort

Wichtel! Sagengestalten aus unseren Kindertagen, Verkörperung unserer Kinderträume, Sehnsüchte und Wünsche. Früher, als es sie noch gab bzw. unsere Vorfahren daran glaubten, waren sie auch ganz praktisch. Sie halfen uns Arbeiten zu erledigen und waren auch sonst gute Geister.

Manchmal trieben Sie allerlei Schabernack mit den Menschen, ob groß oder klein. Sie hatten die witzigsten Einfälle und hätten nie einfach nur gegessen, ihre Speisen und Backwerke mussten immer eine kleine Geschichte erzählen oder lustige Figuren bilden.

In diesem Buch sollen Ihnen die Wichtel helfen, Ihren Kindern das Kochen und Backen mit so viel Spaß wie möglich näher zu bringen. Lesen Sie mit Ihren Kindern die Rezepte und lassen sie die Kinder einfache Dinge selbst erledigen. Sie werden sehen, dass z. B. ein Mittagessen noch mal so gut schmeckt, wenn sie selbst mitgeholfen haben.

Selbst bei schlechten Essern wird der Hunger kommen. Kleine Kuchen und süße Leckereien, auf die Kinder ja meistens Appetit haben, runden den Speiseplan ab. Ich habe die Rezepte so gestaltet, dass Sie nicht nur für, sondern auch mit Ihren Kindern kochen und backen können.

Erleben Sie gemeinsam die Rezepte, dekorieren Sie lustige Gerichte, und denken Sie sich zusammen Geschichten aus, das macht eine Menge Spaß.

Alle Rezepte und Dekorationen sind mit einfachen Mitteln herzustellen und erfordern kein übermäßiges Geschick, auch keine besonderen Einkäufe. Genauso gut sind die Rezepte geeignet, wenn Sie für Ihre Kinder eine Überraschung planen, sei es zum Geburtstag, Kinderbesuch, als Belohnung für gute Noten oder zu sonstigen Anlässen.

Versetzen Sie sich in Ihre Kindheit zurück, regen Sie die Fantasie Ihrer Kinder an und erleben Sie fröhliche Stunden beim Kochen und Backen.

Ihr G. Poggenpohl

Meine Wichtelfamilie

Der Garnierwichtel
Mein Aufgabe ist es, leckere Speisen lustig zu dekorieren. Denn nur wenn es richtig bunt und lustig ist, schmeckt das Essen.

Kluger Wichtel
Wenn du nicht mehr weiterweißt, dann frag mich: Ich habe auf alles eine Antwort und wenn nicht, dann weiß ich, wo es steht.

Suppenwichtel
Wenn die Suppe fertig ist, dann bin ich gefragt, oder wie willst du sie auf den Teller bekommen?

Opa Wichtel
Ich habe in meinem Leben schon so oft beim Kochen und Backen geholfen, jetzt sitze ich doch lieber hier und warte, bis das Essen und die leckeren Kuchen fertig sind.

Knetwichtel
Meine Arbeit ist schwierig, denn ich knete den Teig so lange, bis alle Zutaten gut vermischt sind. Du wirst sehen, das ist ganz schön anstrengend.

Putzwichtel
Wenn es mich nicht gäbe, sähe die Küche oft fürchterlich aus. Wenn es kleckert, bin ich gleich mit meinem Lappen da.

Salz- und Pfefferwichtel
Die nötige Würze – dafür sind wir zuständig! Wir bringen den nötigen Pep ins Essen. Ohne uns schmeckt alles fad.

Früchtewichtel
In meinem Wichtelgärtchen wachsen die süßesten Früchte und die schmecken am allerbesten.

Zutatenwichtel

Hin und her, überall schauen, wo was los ist, ja, und alle Zutaten aus der Speisekammer bringen.

Probierwichtel

Probieren, ob alles schmeckt, das ist meine Aufgabe. Wenn noch etwas fehlt, gebe ich das Notwendige dazu.

Servierwichtel

Blitzschnell feg ich durch das Esszimmer und serviere all die Köstlichkeiten, die du so magst. Ohne Schlabbern, ohne Kleckern steht dann alles auf dem Tisch.

Träumerwichtel

Am liebsten lieg ich hier und träume, aber Träume sind wichtig. In meinen Träumen denke ich mir neue Dinge aus, die ich dann in die Tat umsetze.

Kleiner Wichtel

Ich habe es gut, ich kann immer zuschauen, darf noch nicht mithelfen und bekomme doch die leckeren Dinge zu essen.

Süßer Wichtel

Immer, wenn irgendwo Zucker fehlt, dann bin ich zur Stelle. Ohne mich kann keine Süßspeise gelingen.

Rührwichtel

Rühren, rühren, rühren: Ich bin ganz wichtig, wenn es um die Zubereitung des Essens geht. Es soll ja nichts anbrennen.

Chefkochwichtel

Ich bin der Chef, ich mache die leckersten und lustigsten Speisen. Komm, sieh mir über die Schulter und lerne von mir.

Kräuterwichtel

Das, was ich in unserem Wichtelwald pflücke, schmeckt in fast allen Speisen.

Müller-Wichtel

Ich kümmere mich darum, dass das Mehl immer fein gesiebt und ohne Klümpchen ist. Dann werden die Kuchen herrlich locker und saftig.

Suppen

Zutaten:

500 g Zucchini
1 Zwiebel
2 Knoblauchzehen
2 EL Butter
1 Becher süße Sahne
Salz
Pfeffer

Für die Dekoration:

Karotten
Toastbrot für den Berg

Zubereitung:

1. Die Zucchini waschen, den Blüten- und Stielansatz entfernen und das Fruchtfleisch in Stifte hobeln. Die Zwiebel und die Knoblauchzehen schälen und hacken.

2. Die Butter in einem Topf schmelzen und die Zwiebel, den Knoblauch und die Zucchini darin anbraten. Wenn nötig, etwas Wasser dazugeben. Mit der Sahne aufgießen und mit einem Pürierstab pürieren. Die Suppe mit Salz und Pfeffer abschmecken.

3. Das Toastbrot in Würfel schneiden und in einer beschichteten Pfanne anrösten.

4. Die Karotten putzen und längs in Streifen schneiden. Aus diesen Streifen werden dann mit einem Messer oder Ausstecher die Fische gemacht.

5. Die Suppe in tiefe Teller geben, aus den Toastbrotwürfeln einen Berg machen, die Goldfische dazugeben.

Goldfisch-Suppe

Kleine Gerichte

Zutaten:

4 längliche Brötchen
1 Packung Frischkäse
200 g gekochter Schinken
200 g Emmentaler
2 Tomaten

Für die Dekoration:

Karotten
Schnittlauch
Majonäse

Zubereitung:

1. Die Brötchen aufschneiden und mit dem Frischkäse bestreichen. Dann den Schinken, den Käse und die in Scheiben geschnittenen Tomaten darauf geben und alles zusammenklappen.

2. Dann aus Karotten, Schnittlauch und Majonäse ein Mäuschen modellieren.

3. Die Brötchen lassen sich natürlich auch mit anderen Sachen belegen, wie z. B. mit Salami, Mozzarella, rohem Schinken usw.

Die Katze lässt das Mausen nicht

Zutaten:

1 Packung Blätterteig
5 Eier, 4 Wienerwürste
1 Eisbergsalat, 2 EL Zucker
Saft einer Zitrone
3 EL Olivenöl, Salz, Pfeffer

Für die Dekoration:

1 rote Paprikaschote
Majonäse

Zubereitung:

1. Den Backofen auf 180° C vorheizen und ein Backblech mit Backpapier auslegen.

2. Vier Eier ca. 8 Minuten kochen, dann mit kaltem Wasser abschrecken und abpellen. Ein Ei in einer Schüssel aufschlagen und mit einer Gabel verquirlen.

3. Den Blätterteig ausrollen und mit verschieden großen Gläsern Kreise ausstechen. Die verschieden großen Kreise übereinander legen und mit dem aufgeschlagenen Ei bestreichen. Die Würste auf das Backpapier legen und die Schneckenhäuser auf die Würste setzen. Im Backofen ca. 15 Minuten backen.

4. Von dem Eisbergsalat die äußeren Blätter entfernen, den Salat waschen, abtropfen lassen und in 1 cm dicke Streifen schneiden. Die Salatstreifen in eine Schüssel geben, aus Zucker, Olivenöl, Zitronensaft, Salz und Pfeffer eine Marinade anrühren und über den Salat geben.

5. Aus der Paprikaschote dünne Streifen schneiden, das werden die Fühler der Schnecke, die dann vorne in die Würstchen gesteckt werden.

6. Den angemachten Salat auf einer Platte verteilen, die in Scheiben geschnittenen Eier darüber geben und die Schnecken darauf setzen.

Schnecken im Salat

Salate

Zutaten:

250 g aufgeschnittener Leberkäse
200 g geschnittener Emmentaler
2 Frühlingszwiebeln
2 EL Essig
2 EL Öl
1 TL Zucker
Salz
Pfeffer

Für die Dekoration:

1 EL Gänseblümchen
verschiedene Ausstecher

Zubereitung:

1. Die Frühlingszwiebeln putzen und in Ringe schneiden. Aus dem Essig, dem Öl, dem Zucker, dem Salz und dem Pfeffer eine Marinade anrühren und abschmecken.

2. Den Käse in Streifen schneiden, die Leberkäsescheiben auslegen und verschiedene Figuren ausstechen.

3. Alles in eine Schüssel geben, mit der Marinade vermischen und die Gänseblümchen darüber streuen.

Wichtelsalat

Salate

Zutaten:

500 g Kartoffeln
8 Eier
1 Salatgurke
1 Zwiebel
1 Schale Kresse
3 EL Majonäse
100 ml Gemüsebrühe
3 EL Essig
Salz
Pfeffer

Für die Dekoration:

Schnittlauch und
Radieschen

Zubereitung:

1. Die Kartoffeln waschen und in reichlich Wasser gar kochen, abschütten – dabei solltest du dir helfen lassen – und zum Auskühlen beiseite stellen.

2. Die Eier ca. 10 Minuten kochen, dann mit kaltem Wasser abschrecken und abpellen.

3. Die Zwiebel schälen und fein hacken. Die Gurke waschen und mit einem Gemüsehobel in Stifte schneiden.

4. Die Kartoffeln abschälen und in Scheiben schneiden. Mit der Gurke und den Zwiebeln vermischen. Die Majonäse, die Gemüsebrühe und den Essig untermischen, mit Salz und Pfeffer abschmecken.

5. Die Hälfte der Kresse unter den Kartoffelsalat ziehen, die andere Hälfte nach dem Anrichten auf Tellern darüber streuen.

6. Mit dem Schnittlauch und den Radieschen die Eier zu Mäusen dekorieren und auf den Kartoffelsalat setzen.

Mäuse auf dem Kartoffelacker

Zutaten:

100 g Popcornmais
4 Eier, 2 EL Mehl
1 Becher Schmand
2 EL Öl, 1 rote Paprikaschote
1 gelbe Paprikaschote
1 Zucchini, 1 Karotte
2 Tomaten
100 g geriebener Emmentaler
Salz, Pfeffer

Für die Dekoration:

Ketschup
8 Popcornstücke
2 Zucchinischeiben

Zubereitung:

1. Das Popcorn nach Packungsanweisung herstellen und auskühlen lassen. Für die Dekoration einige schöne Popcornstücke zur Seite legen.

2. Die Paprikaschoten halbieren, das Kerngehäuse entfernen und das Fruchtfleisch in mundgerechte Stücke teilen. Die Zucchini abwaschen, zwei Scheiben längs herunterschneiden und den Rest würfeln. Die Karotte abschälen und raspeln, die Tomaten abwaschen und in Scheiben schneiden.

3. Den Backofen auf 180° C vorheizen, ein Backblech mit Backpapier auslegen und die Gemüsestücke in vier Portionen darauf geben und mit Käse bestreuen. Die Portionen sollten ungefähr den Durchmesser von 10 cm haben. Die zwei Zucchinischeiben kommen mit auf das Backblech. Das Ganze im Backofen ca. 10 Minuten backen.

4. Die Eier in einer Schüssel aufschlagen, das Mehl, den Schmand und das Popcorn dazugeben, alles verrühren und abschmecken.

5. Das Öl in einer Pfanne erhitzen und acht Popcorntaler mit einem Durchmesser von 10 cm herausbacken. Einen Popcorntaler auf einen Teller geben, das Gemüse darauf setzen, mit den Tomatenscheiben belegen und den zweiten Popcorntaler darauf geben.

6. Die Zucchinischeiben halbieren und als Zunge an den fertigen Frosch legen. Aus Ketschup und Popcornstücken dem Frosch die Augen formen.

Waldfrösche

Hauptgerichte

Zutaten:

4 Hamburger-Brötchen
400 g Hackfleisch
1 kleine Zwiebel
2 Scheiben Toastbrot
Salz, Pfeffer, 2 EL Öl,
2 Tomaten, einige Salatblätter
1 Salatgurke, Majonäse
Ketschup rot und grün

Für die Dekoration:

Gurkenscheiben
Cocktailtomaten
1 rote Paprikaschote
Maiskölbchen

Zubereitung:

1. Die Toastbrotscheiben in etwas Wasser einweichen, die Zwiebel schälen und fein hacken. Das Hackfleisch in eine Schüssel geben. Die Toastbrotscheiben ausdrücken und dann mit der Zwiebel und dem Hackfleisch vermischen, mit Salz und Pfeffer abschmecken.

2. Die Tomaten, die Gurke und die Salatblätter waschen, die Tomaten in Scheiben schneiden und die Gurke in Stifte hobeln.

3. Die Hackfleischmasse zu Kugeln formen und platt drücken. Das Öl in einer Pfanne erhitzen und das Hackfleisch von beiden Seiten ca. 3 Minuten braten.

4. Die Brötchen aufschneiden, mit den Salatblättern belegen, das Hackfleisch, die Tomatenscheiben und die Gurkenstifte darauf geben. Je nach Geschmack mit Majonäse und Ketschup würzen.

5. Aus den Dekorationszutaten lustige Gesichter machen.

Wichtelburger

Hauptgerichte

Zutaten:

750 g Kartoffeln
250 ml Milch
2 EL Butter
100 g Speck
2 Frühlingszwiebeln
2 Packungen Gemüsestäbchen
(aus der Tiefkühltheke)
2 EL Öl
Salz
Pfeffer

Für die Dekoration:

Cocktailtomaten
eine gelbe Paprikaschote
Kresse
Zahnstocher

Zubereitung:

1. Den Speck in Würfel schneiden und in einer Pfanne anbraten. Die Frühlingszwiebeln putzen, die äußeren Blätter entfernen und die Zwiebeln in Ringe schneiden.

2. Die Kartoffeln schälen und in reichlich Salzwasser gar kochen. Wenn die Kartoffeln gar sind, abschütten und durch eine Kartoffelpresse drücken. Die Milch erhitzen und unter die Kartoffeln rühren.

3. Die Butter, den Speck und die Frühlingszwiebeln dazugeben, alles vermischen und mit Salz und Pfeffer abschmecken.

4. Das Öl in einer Pfanne erhitzen und die Gemüsestäbchen darin braten. Das Kartoffelpüree auf Teller geben und die Gemüsestäbchen wie eine Festung anrichten.

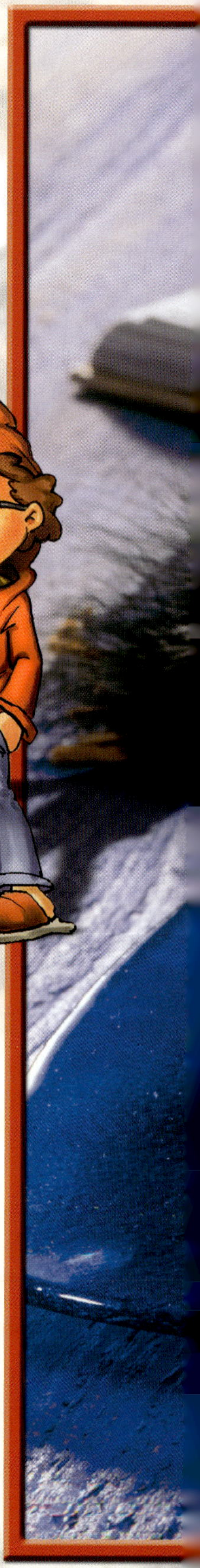

Wichtelfestung

Zutaten:

4 Paprikaschoten
400 g Hackfleisch
100 g Reis
1 Zwiebel
1 Knoblauchzehe
1/2 Bund Petersilie
Salz
Pfeffer

Für die Dekoration:

eine Salatgurke
Petersilie
ein Stück Paprikaschote

Zubereitung:

1. Den Reis kochen, die Zwiebel und die Knoblauchzehe schälen und fein hacken. Die Petersilie abbrausen, ausschütteln und hacken. Den Reis mit der Zwiebel, dem Knoblauch, der Petersilie und dem Hackfleisch vermischen, mit Salz und Pfeffer würzen.

2. Den Backofen auf 180° C vorheizen, ein Backblech mit Backpapier auslegen. Von drei Paprikaschoten längs 1/3 abschneiden. Eine Paprikaschote so aufschneiden, dass sie wieder geschlossen werden kann.

3. Aus allen Paprikaschoten das Kerngehäuse entfernen und sie mit der Hackfleischmasse füllen. Das Ganze auf das Backblech legen und im Backofen ca. 35 Minuten backen.

4. Von der Gurke 16 Scheiben abschneiden, das werden die Räder. Dann die Gurke schälen, aus den Schalen machst du die Schienen. Aus den restlichen Dekorationszutaten dekorierst du die Eisenbahn.

Die Eisenbahn

Zutaten:

400 g Hackfleisch
1 kleine Zwiebel
2 Scheiben Toastbrot
2 EL Öl, 250 g Erbsen
50 ml Wasser
1 EL Butter, Salz, Pfeffer

Für die Dekoration:

4 dünne Scheiben Leberkäse
Cocktailtomaten
Holzspieße
Majonäse

Zubereitung:

1. Die Toastbrotscheiben in etwas Wasser einweichen, die Zwiebel schälen und fein hacken. Das Hackfleisch in eine Schüssel geben. Die Toastbrotscheiben ausdrücken und dann mit der Zwiebel und dem Hackfleisch vermischen, mit Salz und Pfeffer abschmecken.

2. Die Erbsen mit dem Wasser in einen Topf geben und ca. 3 Minuten kochen. Mit einem Pürierstab das Erbsengemüse pürieren, die Butter einrühren, mit Salz und Pfeffer abschmecken.

3. Aus der Hackfleischmasse fingerdicke Röllchen formen. Je 6 Röllchen auf zwei Spieße stecken, sodass 4 Flöße entstehen. Die anderen Röllchen werden einzeln gebraten. Das Öl in einer Pfanne erhitzen und das Hackfleisch braten.

4. Aus den Röllchen die Flöße und die Männchen zusammenstecken. Das Segel wird aus einem Holzspieß und einer Leberkäsescheibe hergestellt, der Rettungsring ist eine Tomatenscheibe mit Majonäse. Das Erbsenpüree auf die Teller verteilen und die Flöße darauf setzen.

Rettungsflöße

Hauptgerichte

Zutaten:

300 g Hackfleisch
1 Zwiebel, 1 Brötchen
1 Ei, 1 EL gemischte Kräuter
2 EL Öl , 250 g Karotten
500 g Kartoffeln
250 ml Milch, 2 EL Butter
1 TL Salz, 1/2 TL Pfeffer

Für die Dekoration:

Kresse
eine gelbe Paprikaschote
eine Tomate
Majonäse

Zubereitung:

1. Die Kartoffeln waschen und in einem Topf mit reichlich Wasser gar kochen. Während die Kartoffeln kochen, das Brötchen in heißem Wasser ca. 10 Minuten einweichen. Die Zwiebel schälen und mit einem Messer fein hacken.

2. Das Brötchen ausdrücken, mit den Kräutern, der gehackten Zwiebel, dem Ei, Salz, Pfeffer und dem Hackfleisch in eine Schüssel geben. Mit den Händen verkneten. Probier, ob noch Salz und Pfeffer fehlen, eventuell nachwürzen.

3. Aus der Masse handtellergroße Kugeln formen und flach drücken. Das Öl in einer Pfanne erhitzen und die Fleischgesichter darin von beiden Seiten ca. 5 Minuten braten.

4. Die Karotten schälen und in einem Topf mit etwas Salzwasser dünsten.

5. In einem Topf die Milch erhitzen und die Butter darin schmelzen (immer wieder mal umrühren, die Milch brennt leicht an).

6. Die Kartoffeln abschütten – dabei solltest du dir helfen lassen – und pellen, dafür nimmst du am besten eine Gabel und ein Gemüsemesser. Die Kartoffeln durch eine Presse in eine Schüssel drücken und mit der warmen Milch vermischen. Mit Salz abschmecken.

7. Auf Tellern anrichten und lustig, z. B. als Gesicht, dekorieren.

Lustige Fleischgesichter

Hauptgerichte

Zutaten:

8 kleine Schweineschnitzel
2 Eier
4 EL Mehl
100 g Paniermehl
Salz
Pfeffer
100 ml Öl

Für die Dekoration:

Frühlingszwiebeln
Cocktailtomaten
4 Wienerwürstchen
Petersilie

Zubereitung:

1. Das Mehl in einen Teller füllen, die Eier aufschlagen, in einen Teller geben und verquirlen. Das Paniermehl ebenfalls in einen Teller schütten.

2. Die Schnitzel salzen und pfeffern und nacheinander im Mehl, den Eiern und dem Paniermehl wenden.

3. Das Öl in einer Pfanne erhitzen und die panierten Schnitzel darin goldbraun braten.

4. Je zwei der Schnitzel auf Teller legen und aus den Dekorationszutaten die Augen, die Stoßzähne und den Rüssel des Elefanten herstellen.

Elefantenohren

Hauptgerichte

Zutaten:

1 fertiger Pizzateig
100 g Salami
100 g geriebener Pizzakäse
1 Packung passierte Tomaten
2 EL gemischte Kräuter
Salz
Pfeffer

Für die Dekoration:

Cocktailtomaten
gekochte Spagetti
gekochte Farfalle
Maiskolben
Oliven
Zucchini
Eischeiben

Zubereitung:

1. Den Backofen auf 180° C vorheizen, ein Backblech mit Backpapier auslegen.

2. Den Pizzateig ausrollen und in Rauten schneiden. Die passierten Tomaten mit den gemischten Kräutern in eine Schüssel geben, mit Salz und Pfeffer würzen.

3. Die Rauten auf das Backblech legen und jede Raute mit den passierten Tomaten bestreichen.

4. Aus den Dekorationszutaten lustige Gesichter formen. Dann die Pizzarauten im Backofen ca. 15 Minuten backen, etwas auskühlen lassen und auf Tellern anrichten. Aus den Spagetti und den Farfalle die Schwänze für die Windvögel auslegen.

Windvögel

Zutaten:

500 g Spagetti
1 Bund grüner Spargel
1 Beutel Pinienkerne
1 Bund Basilikum
3 EL geriebener Parmesankäse
3 Knoblauchzehen
6 EL Olivenöl

Für die Dekoration:

4 Cocktailtomaten
Zahnstocher

Zubereitung:

1. Die Knoblauchzehen schälen und grob zerteilen. Die Blätter des Basilikums von den Stielen zupfen, mit den Pinienkernen, den Knoblauchzehen, dem Olivenöl und dem Parmesankäse in eine Küchenmaschine geben und zu einem Pesto verarbeiten.

2. Die Spagetti in reichlich Salzwasser bissfest kochen, dann abschütten.

3. Von dem Spargel die Enden abschneiden und den Spargel in Salzwasser ca. 10 Minuten kochen.

4. Die gekochten Spagetti mit dem Pesto vermischen und auf Tellern anrichten.

5. Aus je einer Stange Spargel und einer Tomate die Nadel für den Heuhaufen herstellen.

Die Nadel im Heuhaufen

Hauptgerichte

Zutaten:

500 g Spätzle

für die Sauce
35 g Butter
35 g Mehl
1/2 l Gemüsebrühe
Salz
Pfeffer
etwas braunen Zucker
1 unbehandelte Orange
3 Spritzer Worcestersauce
4 frische Mandarinen
1-2 EL gehackte Petersilie

Für die Dekoration:

Mandarinenschalen

Zubereitung:

1. Einen Topf mit reichlich Salzwasser zum Kochen bringen und die Spätzle ca. 8-9 Minuten garen. Mit einem Schaumlöffel aus dem Topf nehmen und mit kaltem Wasser abschrecken.

3. Die Orange heiß abwaschen, die Schale abreiben und die Orange auspressen. Die Mandarinen schälen, filetieren, klein schneiden und beiseite stellen. Die Petersilie waschen, trockenschütteln und klein hacken.

4. In einem Topf die Butter schmelzen, das Mehl darin unter ständigem Rühren hellgelb anschwitzen und die Brühe nach und nach dazugeben. Mit einem Schneebesen so lange schlagen, bis keine Klümpchen mehr in der Sauce sind.

5. Den Orangensaft und die Orangenschale dazugeben. Mit Salz, Pfeffer, braunem Zucker und Worcestersauce würzen. Zum Schluss die klein geschnittenen Mandarinen zugeben. Kurz vor dem Servieren die Petersilie unterziehen.

6. Der Duft der Mandarinenschalen, die um den Teller herum gelegt werden, machen zusätzlich Appetit auf dieses Gericht.

Süßer Spätzle-Spaß

Hauptgerichte

Zutaten:

2 Kohlrabi mit Grün
1 Packung Fischstäbchen
1 Becher Crème fraîche
1 Schale Kresse
150 ml Wasser
2 EL Olivenöl
Salz
Pfeffer

Für die Dekoration:

Zahnstocher
je eine rote und gelbe Paprikaschote
Schokoladentaler

Zubereitung:

1. Den Kohlrabi oben am Grün so abschneiden, dass eine etwa ein Zentimeter dicke Scheibe bleibt, das wird deine Schatzinsel.

2. Den restlichen Kohlrabi schälen, halbieren und mit einem Gemüsehobel in feine Scheiben schneiden. (Am besten verwendest du den Festhalter des Hobels.) Die Kohlrabischeiben in einen Topf geben, das Wasser dazugießen und 5 Minuten dünsten. Die Crème fraîche einrühren und mit Salz und Pfeffer abschmecken.

3. Mit einer Schere die Kresse abschneiden und unter das Kohlrabigemüse mischen.

4. Das Öl in einer Pfanne erhitzen und die Fischstäbchen darin braten, immer wieder mal umdrehen. Aus der gelben und roten Paprikaschote mit einem kleinen scharfen Messer Segel schneiden und sie auf Zahnstocher schieben. Die Segel auf die Fischstäbchen stecken. Vier Teller herrichten und die Schatzinseln darauf setzen.

5. Du wirst gemerkt haben, dass nur zwei Schatzinseln da sind, auf die beiden anderen Teller gibst du einfach ein Schiff mehr. Das Kohlrabigemüse so auf die Teller geben, dass es wie Wellen aussieht. Die Fischstäbchenschiffe auf die Wellen setzen.

6. Als Schatz kannst du unter den Inseln Schokoladen-Goldtaler verstecken. Du findest diesen Schatz, wenn du den Teller leer gegessen hast.

Fischstäbchen auf hoher See

Süße Gerichte

Zutaten:

80 g Butter
150 g Mehl
300 ml Milch
2 Eier
1 EL Anis
Salz
40 g Zucker
250 g gemischte Früchte
(aus der Tiefkühltheke)
1 EL Zucker

Für die Dekoration:

1 Dose Pfirsichspalten
Früchte
Gänseblümchen

Zubereitung:

1. Die Butter zerlassen. Die Milch und das Mehl mit einem Schneebesen verrühren und dann die Butter dazugeben. Die Eier aufschlagen und mit dem Salz, dem Zucker und dem Anis unter den Teig rühren. Ca. 30 Minuten ruhen lassen.

2. Eine Pfanne erhitzen und den Zucker darin karamellisieren lassen. Die Früchte dazugeben und einmal aufkochen.

3. Eine beschichtete Pfanne mäßig erhitzen und dünne Crêpes backen.

4. Aus den Crêpes Körper und Flügel des Falters formen, auf Tellern anrichten und mit den Pfirsichspalten, den Früchten und den Gänseblümchen dekorieren.

Wichtelfalter

Süße Gerichte

Zutaten:

1 Packung Vollkorn-Toastbrot
1/2 l Milch
40 g Zucker
1 Packung Vanillepuddingpulver

Für die Dekoration:

Marshmallows
Schokoladenaufstrich

Zubereitung:

1. Das Puddingpulver in eine Schüssel geben und mit dem Zucker vermischen. Nach und nach 6 Esslöffel kalte Milch unterrühren.

2. Die restliche Milch in einem Topf zum Kochen bringen, mit einem Schneebesen das Puddingpulver einrühren und ca. eine Minute kochen lassen.

3. Das Brot toasten und mit einem scharfen Messer in Streifen schneiden. Auf Tellern zu einem Lagerfeuer aufstapeln, mit dem Vanillepudding übergießen.

4. Aus den Marshmallows Männchen formen, die Gesichter werden mit der Schokolade gestaltet.

Am Lagerfeuer

Backen

Zutaten:

260 g Mehl Type 405
2 TL Backpulver
1 TL Zimt
4 EL Schokoladenstücke
2 Eier, 140 g brauner Zucker
100 g weiche Butter
1/8 l Milch, 2 reife Bananen

Für die Dekoration:

Papierförmchen
Sahne
verschiedene bunte
Schokoladen- und
Zuckerguss-Dekorationen

Zubereitung:

1. Den Backofen auf 180° C vorheizen. Das Mehl in eine Schüssel sieben, das Backpulver, den Zimt und die Schokoladenstücke dazugeben und mit einem Kochlöffel vermischen.

2. Die Butter mit dem Zucker verrühren und die Milch und die Eier nach und nach dazugeben.

3. Die Bananen schälen, mit einer Gabel zerdrücken und unter die Masse rühren. Die Mehlmischung hinzufügen und unterheben.

4. Eine Muffins-Form mit den Papierförmchen auslegen. Je zwei Esslöffel Teig in eine Vertiefung geben. Im Backofen auf mittlerer Schiene 20 bis 25 Minuten backen. Für die Dekoration müssen die Muffins auskühlen.

5. Die Muffins als schöne, bunte, lustige Wichtelkuchen dekorieren. Du kannst sie auch mit Sahne oder Pudding füllen.

Wichtelkuchen

Backen

Zutaten:

125 g Mehl
40 g Speisestärke
125 g Butter
4 Eier
1 Prise Salz
1/4 l Wasser
1/2 l Milch
1 Vanilleschote
5 Eigelb
100 g Zucker
30 g Speisestärke

Für die Dekoration:

Bunte Zuckerschrift

Zubereitung:

1. Das Wasser in einem größeren Topf aufkochen und salzen. Die Butter zufügen und im Wasser auflösen. Das Mehl auf einmal in das Wasser schütten und dabei ständig rühren, es dürfen sich keine Klümpchen bilden. Den Teigkloß noch ca. 2 Minuten auf allen Seiten abbrennen und dabei ständig rühren. Den Topf vom Herd nehmen und ca. 5 Minuten auskühlen lassen.

2. Den Teigkloß in eine Rührschüssel geben, nach und nach die Eier einzeln unterrühren. Ein Backblech fetten oder mit Backpapier auslegen, die Teigmasse in einen Spritzbeutel füllen und vier größere Kugeln spritzen. Mit der restlichen Masse werden die Hälse der Schwäne S-förmig gespritzt. Die Windbeutel im Backofen bei 180° C ca. 20 Minuten backen. Aus dem Ofen nehmen und abkühlen lassen.

3. Die Speisestärke mit 4 EL kalter Milch glatt rühren. Die Vanilleschote auskratzen und mit der restlichen Milch aufkochen. Die Eigelbe mit dem Zucker in einer Schüssel cremig schlagen. Die Speisestärke und die Ei-Masse in die kochende Milch geben und auf kleiner Flamme einmal aufwallen lassen. Die Vanillecreme vom Herd nehmen, abkühlen lassen und in einen Spritzbeutel füllen.

4. Die Windbeutel aufschneiden, das Oberteil der Windbeutel halbieren. Den unteren Teil der Windbeutel mit Vanillecreme füllen. Den Schwanenhals mit Zuckerschrift dekorieren. Die Flügel und den Schwanenhals auf das Unterteil der Windbeutel setzen.

Königlicher Besuch

Backen

Zutaten:

350 g Honig
125 g Butter
125 g Zucker
500 g Mehl
1 Päckchen Backpulver
1 Päckchen Lebkuchengewürz
2 Eier
Schale einer Zitrone
70 g geriebene Mandeln
70 g gehacktes Zitronat

Für die Dekoration:

Verschiedene bunte Süßigkeiten z. B. Smarties, Marshmallows, Fruchtgummis usw.
200 g Puderzucker
4 EL Zitronensaft

Zubereitung:

1. Den Honig mit der Butter und dem Zucker in einem Topf erhitzen und ca. 5 Minuten abkühlen lassen. Das Mehl mit dem Backpulver und dem Gewürz vermischen.

2. Die Honigmasse und die restlichen Zutaten zu einem glatten Teig verrühren. Ein Backblech mit Backpapier auslegen, den Teig darauf streichen und im Backofen bei 180° C 45 Minuten backen.

3. Den Lebkuchen aus dem Ofen nehmen und auskühlen lassen.

4. Den Puderzucker mit dem Zitronensaft verrühren. Aus dem Teig zwei Dreiecke und zwei Rechtecke schneiden und mit dem Zuckerguss zu einem Häuschen zusammensetzen. Die Süßigkeiten mit Zuckerguss auf das Häuschen kleben und mit Puderzucker bestreuen.

Wichtelhütte

Backen

Zutaten:

100 g Zucker
200 g Butter
300 g Mehl
1 Ei

Für die Dekoration:

Band zum Auffädeln
100 g Puderzucker
2 EL Zitronensaft
verschiedene bunte
Zuckerguss-Dekorationen

Zubereitung:

1. Das Mehl auf die Arbeitsfläche sieben, eine Mulde in das Mehl drücken und den Zucker darüber streuen. Das Ei aufschlagen und in die Mulde geben. Die Butter in Stücke schneiden und auf dem Mehl verteilen. Alle Zutaten zu einem glatten Teig verkneten. Den Teig in Frischhaltefolie einpacken und im Kühlschrank ca. 1 Stunde ruhen lassen.

2. Ein Backblech mit Backpapier auslegen. Den Teig auf einer bemehlten Arbeitsfläche dünn ausrollen und verschiedene Formen ausstechen. Im Backofen bei 170° C ca. 15 Minuten backen. Anschließend auskühlen lassen.

3. Den Puderzucker mit dem Zitronensaft verrühren, die Kekse damit bestreichen und mit den bunten Dekorationen bestreuen.

Kekse am Band

Zutaten:

1 Packung Blätterteig
1 Ei
Saft von 3 Zitronen
250 ml Wasser
80 g Zucker
2 Eigelb
2 EL Speisestärke
2 Eiweiß

Für die Dekoration:

Puderzucker
30 g Kuvertüre
8 Waffelröllchen

Zubereitung:

1. Den Blätterteig ausrollen, vier große und vier kleine Rechtecke ausschneiden. Ein Backblech mit Backpapier auslegen und die Blätterteigteile darauf geben. Das Ei aufschlagen, mit einer Gabel verquirlen, den Blätterteig damit einpinseln. Im Backofen bei 180° C ca. 15 Minuten goldbraun backen.

2. Den Zitronensaft mit dem Wasser und dem Zucker aufkochen. Die Eigelbe mit 2 EL Wasser und der Stärke glatt rühren und in das kochende Zitronenwasser geben, einmal aufkochen. Den Topf vom Herd nehmen und ca. 10 Minuten auskühlen lassen. Das Eiweiß zu steifem Schnee schlagen und unter die Zitronenmasse rühren.

3. Die Kuvertüre im Wasserbad schmelzen. Die großen Blätterteigrechtecke aufschneiden und mit der kalten Zitronencreme füllen. Mit Puderzucker und Kuvertüre dekorieren.

Wichtelbettchen

Backen

Zutaten:

4 Eier
300 g Butter
300 g Zucker
200 g Mehl
150 g geriebene Haselnüsse

Für die Dekoration:

100 g Puderzucker
2 EL Zitronensaft
200 g Marzipanrohmasse
60 g gemahlene Pistazien
2 EL süße Sahne
1 Blatt Esspapier
Schokoladen-Marienkäfer
Bunte Zuckerschrift

Zubereitung:

1. Die Eier trennen und das Eiweiß zu steifem Schnee schlagen. Die Butter mit dem Mixer schaumig rühren. Den Zucker dazu geben, nach und nach die Eigelbe einrühren, mit dem Mehl und den Nüssen vermischen. Den Eischnee darunter heben.

2. Eine Herzform ausfetten und bemehlen, den Teig einfüllen und im Backofen bei 180° C ca. 1 Stunde backen. Anschließend auskühlen lassen.

3. Den Puderzucker mit dem Zitronensaft verrühren und den Kuchen damit bestreichen. Die Marzipanrohmasse mit den Pistazien und der Sahne zu einer Creme verarbeiten. In einen Spritzbeutel füllen und Rosetten auf den Kuchen spritzen.

4. Das Esspapier beliebig beschriften, auf den Kuchen legen und mit den Marienkäfern dekorieren.

Papas Kuchen

Backen

Zutaten:

600 g Mehl
1 Packung Trockenhefe
170 ml Milch
4 Eigelb
1 Ei
150 g Butter
80 g Zucker
1 Prise Salz
Schale einer Zitrone
1 Ei zum Bestreichen

Für die Dekoration:

Rosinen
Puderzucker

Zubereitung:

1. Die Butter mit der Milch in einen Topf geben und schmelzen. Das Mehl mit der Hefe, der Zitronenschale und dem Salz vermischen, mit den restlichen Zutaten zu einem glatten Teig verarbeiten, in einer Schüssel ca. 1 Stunde gehen lassen.

2. Den Teig auf einer bemehlten Arbeitsfläche ausrollen, zwei Kreise ausstechen. Aus dem restlichen Teig Haare, Nasen und den Mehlsack formen, die Gesichter mit Rosinen belegen und nochmals 30 Minuten gehen lassen.

3. Die Teigteile mit Ei bestreichen und im Backofen bei 180° C ca. 30 Minuten backen, auskühlen lassen.

4. Den Sack mit Puderzucker bestreuen.

Max und Moritz

Backen

Zutaten:

6 Eier
175 g Zucker
150 g Mehl
90 g Butter
250 g Milchreis
1 Liter Milch
50 g Zucker
1 Glas Kirschen

Für die Dekoration:

250 g Quark
3 EL Puderzucker
1 EL Zitronensaft
1 Packung roten Tortenguss
1 Becher süße Sahne
frische Kirschen

Zubereitung:

1. Die Eier trennen und das Eiweiß zu steifem Schnee schlagen. Die Butter in einem Topf schmelzen und vom Herd nehmen. Die Eigelbe mit dem Zucker im heißen Wasserbad cremig aufschlagen.

2. Die Ei-Masse aus dem Wasserbad nehmen, das Mehl darüber sieben, die Butter dazu geben und alles miteinander vermischen. Den Eischnee unterheben. Den Teig in eine gefettete und bemehlte Form füllen, im Backofen bei 180° C ca. 45 Minuten backen und auskühlen lassen.

3. Die Milch in einem Topf aufkochen, den Reis und den Zucker dazugeben, bei kleiner Hitze ca. 30 Minuten quellen lassen.

4. Die Kirschen durch ein Sieb abschütten, den Kirschsaft in einer Schüssel auffangen. Den Milchreis mit den Kirschen mischen.

5. Den Tortenboden quer durchschneiden. Die Milch-Reis- Masse auf dem unteren Tortenboden verteilen, den zweiten Boden darauf setzen.

6. Den Quark mit dem Zucker und dem Zitronensaft verrühren, den Kuchen damit bestreichen und im Kühlschrank ca. 1 Stunde ruhen lassen. Den Tortenguss nach Packungsanweisung mit dem Kirschsaft zubereiten und über die Torte gießen. Mit steif geschlagener Sahne und frischen Kirschen dekorieren.

Nachbars Kirschen

Backen

Zutaten:

Für den Teig:
6 Eier
175 g Zucker
150 g Mehl
90 g Butter
3 EL Kakao-Pulver
1 Prise Salz
Für die Creme:
2 Eier
100 g Zucker
250 g Butter

Für die Dekoration:

2 verschieden große runde Kekse
Zuckermäuse
Bunte Zuckertaler
Marshmallows

Zubereitung:

1. Die Eier trennen und das Eiweiß mit dem Salz zu steifem Schnee schlagen. Die Butter in einem Topf schmelzen und vom Herd nehmen.

2. Die Eigelbe mit dem Zucker im heißen Wasserbad cremig auschlagen. Die Ei-Masse aus dem Wasserbad nehmen, das Mehl und den Kakao darüber sieben, die Butter dazugeben und alles miteinander vermischen. Den Eischnee unterheben. Den Teig ca. 2 cm auf ein Backblech streichen, im Backofen bei 180° C ca. 45 Minuten backen und auskühlen lassen.

3. Die Butter in eine Schüssel geben und so lange schlagen, bis sie weiß ist (mindestens 15 Minuten). Die Eier in eine zweite Schüssel geben, mit dem Rührgerät aufschlagen. Den Zucker einrühren und die Ei-Masse im heißen Wasserbad rühren, bis sie cremig ist, aus dem Wasserbad nehmen und kaltschlagen. Die aufgeschlagene Butter mit der Ei-Masse verrühren.

4. Wenn der Biskuitteig ausgekühlt ist, mit der Buttercreme bestreichen und im Kühlschrank erstarren lassen. Dann ca. 3 cm breite Streifen aus dem Boden schneiden, auf Wagenlänge kürzen und mit den Keksen und den Zuckerteilen dekorieren.

Seifenkistenrennen

Backen

Zutaten:

600 g Mehl
1 Packung Trockenhefe
170 ml Milch
4 Eigelb
1 Ei
150 g Butter
80 g Zucker
1 Prise Salz
Schale einer Zitrone
1 Ei zum Bestreichen

Für die Dekoration:

Rosinen
Puderzucker

Zubereitung:

1. Die Butter mit der Milch in einen Topf geben und schmelzen. Das Mehl mit der Hefe, der Zitronenschale und dem Salz vermischen, mit den restlichen Zutaten zu einem glatten Teig verarbeiten, in einer Schüssel ca. 1 Stunde gehen lassen.

2. Den Teig auf einer bemehlten Arbeitsfläche durchkneten, in drei Teile schneiden. Aus den Teilen 1 cm dicke und 30 cm lange Stränge formen und einen Zopf daraus flechten.

3. Ca. 30 Minuten zugedeckt gehen lassen. Das Ei aufschlagen, mit einer Gabel verquirlen und den Teig damit bestreichen, mit Hagelzucker bestreuen.

4. Im Backofen bei 180° C ca. 45 Minuten backen, auskühlen lassen.

Rapunzels Zopf

Zutaten:

6 Eier
175 g Zucker
150 g Mehl
90 g Butter
3 EL Johannisbeer-Gelee
Für die Füllung:
2 Eier
100 g Zucker
1 Prise Salz
250 g Butter
3 EL Kakao
200 g Erdbeeren
100 g Marzipanrohmasse
rote Speisefarbe
Für die Dekoration:
Schokotaler, Schokostäbchen, kleine Marienkäfer, Zuckerguss

Zubereitung:

1. Die Eier trennen und das Eiweiß mit dem Salz zu steifem Schnee schlagen. Die Butter in einem Topf schmelzen und vom Herd nehmen. Die Eigelbe mit dem Zucker im heißen Wasserbad cremig auschlagen. Die Ei-Masse aus dem Wasserbad nehmen, das Mehl darüber sieben, die Butter dazugeben und alles miteinander vermischen. Den Eischnee unterheben. Den Teig in eine gefettete und bemehlte Springform füllen, im Backofen bei 180° C ca. 45 Minuten backen und auskühlen lassen.

2. Die Butter in eine Schüssel geben und so lange schlagen, bis sie weiß ist (mindestens 15 Minuten). Die Eier in eine zweite Schüssel geben, mit dem Mixer aufschlagen. Den Zucker einrühren und die Ei-Masse im heißen Wasserbad rühren, bis sie cremig ist, aus dem Wasserbad nehmen und kaltschlagen. Die Butter mit der Ei-Masse und dem Kakao verrühren.

3. Den Biskuit quer in drei gleiche Böden schneiden, den untersten Boden mit etwas Buttercreme bestreichen, den zweiten Boden darauf setzen. Auf diesem Boden die Erdbeeren verteilen und mit dem Rest der Buttercreme auffüllen.
Den letzten Boden bis zur Mitte einschneiden und so auf die Erdbeeren legen, dass eine Kuppel entsteht.

4. Das Marzipan mit etwas roter Speisefarbe vermischen und ausrollen. Die Marzipanplatte auf die Kuchenrundung legen und daraus die Oberseite des Marienkäfers formen. Mit Schokolade das Gesicht und den Mittelstrich des Marienkäfers zeichnen. Aus den Schokostäbchen die Fühler und aus den Schokotalern die Punkte setzen.

Marienkäfer

Backen

Zutaten:

125 g Mehl
40 g Speisestärke
125 g Butter
4 Eier
1 Prise Salz
1/4 l Wasser

Für die Dekoration:

150 g Zucker

Zubereitung:

1. Das Wasser in einem größeren Topf aufkochen und salzen. Die Butter zufügen und im Wasser auflösen. Das Mehl auf einmal in das Wasser schütten und dabei ständig rühren, es dürfen sich keine Klümpchen bilden.

2. Den Teigkloß noch ca. 2 Minuten auf allen Seiten abbrennen und dabei ständig rühren. Den Topf vom Herd nehmen und ca. 5 Minuten auskühlen lassen.

3. Den Teigkloß in eine Rührschüssel geben, nach und nach die Eier einzeln unterrühren. Ein Backblech fetten oder mit Backpapier auslegen, die Teigmasse in einen Spritzbeutel füllen und kleine Kugeln spritzen. Die Windbeutel im Backofen bei 180° C ca. 15 Minuten backen. Aus dem Ofen nehmen und abkühlen lassen.

4. Den Zucker in einen Topf geben, erhitzen und so lange rühren, bis er geschmolzen ist.. Die Brandteigkugeln auf einen Holzspieß stecken und in den karamellisierten Zucker tauchen (Vorsicht, der Zucker ist sehr heiß).

5. Die in Zucker getauchten Kugeln zu einem Berg aufschichten. Den restlichen Zucker noch mal erwärmen mit einer Gabel Fäden heraus ziehen und den Berg damit einspinnen.

Backen

Zutaten:

400 g fein geriebene Karotten
100 g Butter
6 Eier
150 g Zucker
150 g Mehl
100 gemahlene Mandeln
100 g Zartbitter-Kuvertüre

Für die Dekoration:

150 g Puderzucker
2 EL Zitronensaft
Zuckerfarbe (orange)
1 Packung grüne, saure Schnürsenkel

Zubereitung:

1. Die Eier trennen und das Eiweiß zu steifem Schnee schlagen. Die Butter mit dem Mixer schaumig rühren, den Zucker dazugeben, nach und nach die Eigelbe einarbeiten. Das Mehl, die Mandeln und die Karotten unterrühren, den Einschnee darunter heben.

2. Ein Backblech mit Backpapier auslegen und den Teig darauf verstreichen. Im Backofen bei 180° C ca. 40 Minuten backen und auskühlen lassen.

3. Aus Papier 5 verschieden große Schablonen in Karotten-Form schneiden, auf den Kuchen legen und mit einem scharfen Messer ausschneiden.

4. Die Kuvertüre im Wasserbad schmelzen, die Kuchenteile mit der Kuvertüre bestreichen und zusammensetzen.

5. Den Puderzucker mit dem Zitronensaft und der Zuckerfarbe vermischen, die Karotte mit dem Zuckerguss bestreichen, auf eine Kuchenplatte legen und mit den sauren Schnürsenkeln dekorieren.

Die Karotte

Backen

Zutaten:

6 Eier
175 g Zucker
150 g Mehl
90 g Butter
100 g gemahlene Mandeln

Für die Dekoration:

200 g Quark
2 EL Puderzucker
1 EL Zitronensaft
200 g Marzipanrohmasse
bunte Zucker-Deko

Zubereitung:

1. Die Eier trennen und das Eiweiß zu steifem Schnee schlagen. Die Butter in einem Topf schmelzen und vom Herd nehmen.

2. Die Eigelbe mit dem Zucker im heißen Wasserbad cremig ausschlagen. Die Ei-Masse aus dem Wasserbad nehmen, das Mehl darüber sieben, die Mandeln und die Butter dazugeben und alles miteinander vermischen. Den Eischnee unterheben.

3. Den Teig in eine gefettete und bemehlte Form füllen, im Backofen bei 180° C ca. 45 Minuten backen und auskühlen lassen.

4. Den Kuchen mit einem scharfen Messer zu einem Mond schneiden.

5. Den Quark mit Puderzucker und Zitronensaft verrühren, den Kuchen damit bestreichen.

6. Die Marzipanrohmasse auf einer mit Puderzucker bestreuten Arbeitsfläche dünn ausrollen, einen Mond in der Größe des Kuchens ausschneiden, diesen damit belegen und mit der Zucker-Deko bestreuen.

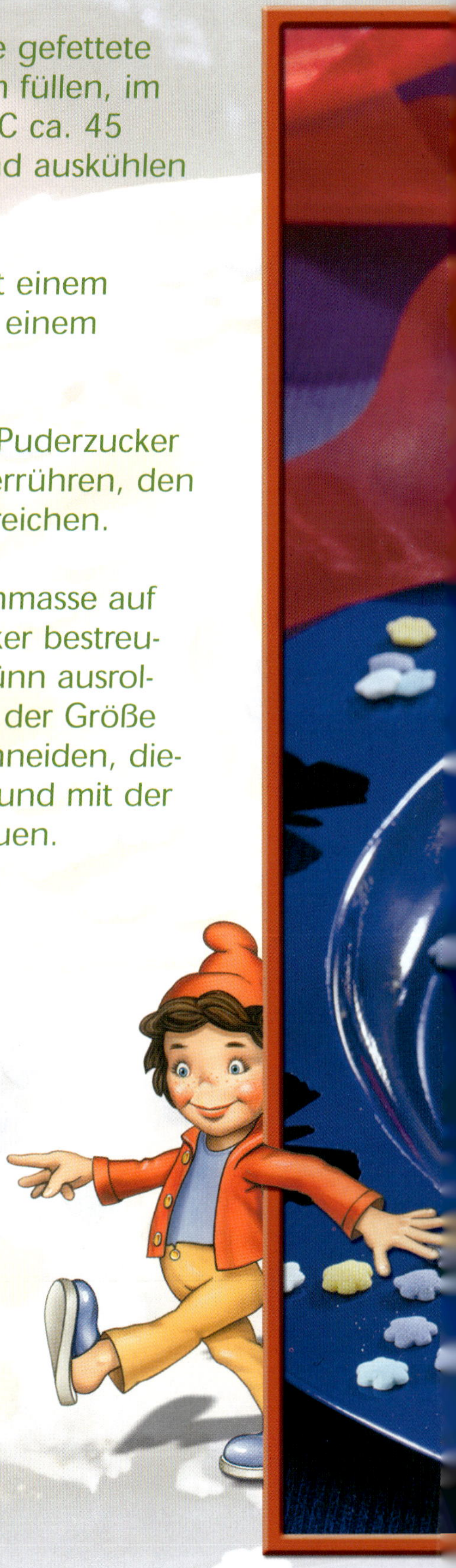

La Le Lu

Backen

Zutaten:

6 Eier
175 g Zucker
150 g Mehl
90 g Butter
3 EL Kakao-Pulver
3 EL Johannisbeer-Gelee

Für die Dekoration:

2 Eier
100 g Zucker
1 Prise Salz
250 g Butter
3 EL Kakao
60 g Pinienkerne
2 Haselnüsse
1 Schokoladentaler

Zubereitung:

1. Die Eier trennen und das Eiweiß zu steifem Schnee schlagen. Die Butter in einem Topf schmelzen und vom Herd nehmen. Die Eigelbe mit dem Zucker im heißen Wasserbad cremig auschlagen. Die Ei-Masse aus dem Wasserbad nehmen, das Mehl und den Kakao darüber sieben, die Butter dazugeben und alles miteinander vermischen. Den Eischnee unterheben. Den Teig in eine gefettete und bemehlte Form füllen, im Backofen bei 180° C ca. 45 Minuten backen und auskühlen lassen.

2. Aus Papier 4 verschieden große Schablonen in Igelform schneiden, auf den Kuchen legen und mit einem scharfen Messer ausschneiden. Die Kuchenteile mit dem Johannisbeer-Gelee bestreichen und zusammen setzen.

3. Die Butter in eine Schüssel geben und so lange schlagen, bis sie weiß ist (mindestens 15 Minuten). Die Eier in eine zweite Schüssel geben, mit dem Mixer aufschlagen. Den Zucker einrühren und die Ei-Masse im heißen Wasserbad rühren, bis sie cremig ist, aus dem Wasserbad nehmen und kaltschlagen. Die Butter mit der Ei-Masse und dem Kakao verrühren, den Igel damit bestreichen.

4. Die Pinienkerne in einer Pfanne rösten, abkühlen lassen.

5. Den Kuchen mit den Haselnüssen, den Pinienkernen und dem Schokoladentaler dekorieren.

Igel

Backen

Zutaten:

6 Eier
140 g Butter
200 g Zucker
3 Päckchen Vanillin-Zucker
100 g Mehl
1/2 Päckchen Backpulver
100 g Schokoraspel
2 Bananen
500 g Schlagsahne
2 Päckchen Sahnefestiger

Für die Dekoration:

Schokoraspel

Zubereitung:

1. Die Eier trennen. Fett, Zucker und 1 Päckchen Vanillin-Zucker cremig rühren. Die Eigelbe einzeln unterrühren. Mehl, Backpulver und Schokoraspel mischen und unterrühren. Das Eiweiß steif schlagen und unterheben.

2. Den Teig in eine gefettete Springform füllen. Im vorgeheizten Backofen bei 180° C ca. 45 Minuten backen. Auskühlen lassen.

3. Den Tortenboden bis auf einen ca. 1 cm breiten Rand mit einem Löffel aushöhlen. Das Kucheninnere zerbröseln. Bananen schälen, in Scheiben schneiden und auf dem Kuchenboden verteilen.

4. Die Sahne mit 2 Päckchen Vanillin-Zucker und Sahnefestiger steif schlagen. Kuppelartig auf die Früchte häufen. Anschließend mit den Kuchenbröseln bestreuen. Kühl stellen

Maulwurfhügel

Zutaten:

50 g Zucker
100 g Butter
150 g Mehl
1 Eigelb
1 EL Kakao

Für die Fülle:

500 g Quark
200 g Zucker
geriebene Schale einer Zitrone
2 EL Speisestärke
7 Eigelb
7 Eiweiß
50 g Butter

Für die Dekoration:

300 g gemischte Früchte z. B. Kiwi, Kirschen, Erdbeeren, Melonen, Trauben, Sternfrucht usw.
Puderzucker
1 Packung klaren Tortenguss

Zubereitung:

1. Das Mehl auf die Arbeitsfläche sieben, eine Mulde in das Mehl drücken, den Zucker und den Kakao darüber streuen. Das Eigelb in die Mulde geben. Die Butter in Stücke schneiden und auf dem Mehl verteilen. Alle Zutaten zu einem glatten Teig verkneten. Den Teig in Frischhaltefolie einpacken und im Kühlschrank ca. 1 Stunde ruhen lassen.

2. Die Butter in einem Topf schmelzen. Den Quark mit 150 g Zucker, Zitronenschale, Stärke und Eigelb verrühren.

3. Das Eiweiß mit dem restlichen Zucker zu steifem Schnee schlagen. Den Eischnee mit der zerlassenen Butter unter die Quarkmasse heben.

4. Eine eingefettete und bemehlte Springform mit dem Mürbteig auskleiden, es sollte ein ca. 4 cm hoher Rand entstehen. Die Quarkmasse auf dem Mürbteig verteilen, im Backofen bei 180° C ca. 50 Minuten backen und auskühlen lassen.

5 . Die Früchte waschen und in mundgerechte Stücke schneiden, den Kuchen damit dekorieren. Den Tortenguss nach Packungsanweisung herstellen und über die Früchte verteilen. Den Kuchenrand mit Puderzucker bestreuen.

Wichtelschmaus

Backen

Zutaten:

6 Eier
175 g Zucker
150 g Mehl
90 g Butter
300 g Quark
1 Becher süße Sahne
6 Blatt Gelatine
50 g Zucker
2 Eigelb
500 g Erdbeeren

Für die Dekoration:

Einige Erdbeeren zur Seite legen
200 g Quark
2 EL Puderzucker
1 EL Zitronensaft
50 g Pistazien
1 Becher süße Sahne
1 Packung grüne Götterspeise
Gänseblümchenköpfe
Zitronenmelissenblätter

Zubereitung:

1. Die Eier trennen und das Eiweiß zu steifem Schnee schlagen. Die Butter in einem Topf schmelzen und vom Herd nehmen. Die Eigelbe mit dem Zucker im heißen Wasserbad cremig aufschlagen. Die Ei-Masse aus dem Wasserbad nehmen, das Mehl darüber sieben, die Butter dazugeben und alles miteinander vermischen. Den Eischnee unterheben. Den Teig in eine gefettete und bemehlte Form füllen, im Backofen bei 180° C ca. 45 Minuten backen und auskühlen lassen.

2. Die Gelatine in kaltem Wasser einweichen. Die Erdbeeren waschen, (davon einige für die Dekoration zur Seite legen) und in kleine Stücke schneiden. Die Gelatine ausdrücken und in einem Topf auflösen, mit dem Quark, Zucker und den Eigelben verrühren. Die Sahne steif schlagen und unterheben.

3. Den Tortenboden quer durchschneiden, in eine Springform legen, mit den Erdbeerstücken belegen. Die Quark-Masse darauf verteilen, den zweiten Boden darauf setzen. Die Torte für 2 Stunden in den Kühlschrank stellen. Die Götterspeise nach Packungsanweisung zubereiten und in kleine Würfel schneiden.

4. Den Quark mit Puderzucker und Zitronensaft vermischen, die Torte damit bestreichen. Die Pistazien hacken und den Tortenrand damit bestreuen. Den Wichteltraum mit der steif geschlagenen Sahne und den übrigen Zutaten dekorieren.

Wichteltraum

Register

Genehmigte Lizenzausgabe
EDITION XXL GmbH
Reichelsheim 2003

Fotos: Food in Wort und Bild, Sigmarszell
Küche: Corinna Brunner
Layout und Satz: Marcel Just, Mathias Weil
Illustrationen: Herbert Pohlner, Eckhard Freytag

ISBN 3-89736-919-2